Peter Michel

Das sirianische Sonnenschloß

Gemälde von

Heita Copony

Aquamarin Verlag

ISBN 3 - 922 936 - 18 - 0

Flurstraße 5, 8011 Forstinning/München
Satz u. Druck: J. Mayer KG, Kumhausen/Landshut

für

Conny und Flower

Inhaltsverzeichnis

Die Sirianische Flöte

Federflug
Wolkenkristalle
Silbermöven jubelnd
Ahnend in wehende Weite ziehend.
Indras Chöre
Tönend von Wachtürmen des Lichtreiches
Pilgerströme aus Sonnenwelten
Perlenschleier
Verhüllte Pforten
Klagende Harfenherzen
Sehnsuchtstrunken
Heimwärts, heimwärts
Schweigende Cherubim

Sirianische Mitternacht —
Flammenregen
Heiliges Weiß schwebender Seraphim
Tausendblättriger Lotos
Erwachend in Göttlicher Offenbarung
Flötentränen
Versinkend in Perlmuschelseelen
Aufleuchtend
Offene Tore

Der Kosmische Hirte

Kristallsilbern glänzte der Schweif von Jabrilea im Sonnensystem der Pharanen; kosmische Gewandung einer Planetenseele, übergehend in zartes Arneol, einer Farbe, die nur im planetarischen Reich der Pharanen bestand, da es einer bestimmten Schwingungsmischung zu ihrer Entstehung bedurfte.

Jabrilea befand sich auf der Wanderung durch die Straße der Thurinen, jener Sphäre, die auch das Reich der Pharanen einschloß. Jabrilea konnte die Dauer ihrer Reise nicht mehr nennen, da sie vergeblich versuchte, in der Geschichte ihres Bestehens einen Anfang zu finden. Immer erkannte sie beim Versuch eines Rückschreitens in die Entstehungstiefe des eigenen Seins, wie sie stets in den Grenzen ihrer individuellen Form verhaftet blieb. Sie vermochte ihre gegenwärtige Seinsweise weder rückwärts- noch vorwärtsschreitend zu überwinden. Stets blieb der Endpunkt der Beginn ihrer Reise als Planet im Pharanensystem.
Die feste Grenze in Bezug auf ein Zurückschauen, schien im Hinblick auf das Ziel ihrer Wanderung dagegen offener zu sein. Es war ihr, als folge sie einem inneren Ruf, dessen Ursprung sie nicht zu erklären vermochte, und dessen Erfüllung in kosmischer Weite zu liegen schien. Zudem vermochte Jabrilea die Art dieser Erfüllung nicht formhaft auszugestalten. Doch sollte es das Erleben einer noch innigeren Seligkeit schenken als sie ihr gewärtig war, während sie in majestätischer Schönheit ihre

Bahn zog.
Ahnend dem Mysterium der Offenbarung entgegen, klangen die Silberkristalle ihres planetarischen Umhanges in himmlischer Harmonie, reihten sich ein in den Chor der Sternenwanderer, die die Straße der Thurinen durchzogen.

So floß ein ungezählter Strom von Planetenseelen in klingender Schar durch die Raumestiefen. Lichtgeschwister auf dem Lichtpfad, fortschreitend von Sonnenreich zu Sonnenreich, stets strahlender werdend, in immer neuer Klangfülle glückseliger Harmonie geistiger Einheit.

Jabrilea vernahm im Klang der Lichterchöre den Namen des Zieles, dem sie alle zustrebten -- das Sonnentor von Iristhalandor.
Iristhalandor war die Mysterienstätte für ein ihnen unfaßbares kosmisches Reich. Beim Aufnehmen des Namens entdeckte Jabrilea, wie sich ein sirialfarbenes Lichtband vor ihr bildete, das den Weg zu einer Lichtfeuerquelle zu weisen schien, von der sie hoffte, es möge das Sonnentor von Iristhalandor sein.
Jubilierend erschallte ihr Glockengewand, funkelte Strahlentöne im areolischen Glanz.
Während die tönende Lichtwelle in den Raum ausstrahlte, schien es Jabrilea, als vernehme sie in der Ferne ein Echo gleicher Schwingung. Es war aber kein Echo. Sie lauschte dem Klangmeer von Strahlentönen, die exakt den ihrigen entsprachen. Areolisches Licht leuchtete auf, ein Planetenkind, gleicher Wesensart, zog mit ihr die Bahn.
Die Klangfarben offenbarten ihr den Namen ihres neuen Gefährten -- Jabrilan. Wie tiefstes Erkennen senkte sich der Klang

in Jabrileas Seele. Erstmals schien es ihr, als sei jene Grenze der Rückerinnerung durchbrochen, die bisher stets unüberwindbar schien. Ein Ahnen von urzeitlicher Verbindung durchlohte Jabrilea, es war, als hätte sie einen Gefährten, auf ewiger Reise wiedergefunden, einen Gefährten, der ihr Begleiter seit den "Tagen der fernen Quelle" gewesen.

Gemeinsam folgten sie dem sirialfarbigen Band, dem Sonnentor entgegen. Immer mehr Planetengeschwistern begegneten sie, Lichtwesen, mit ihnen auf gleichem Weg. Stetig nahm die Helligkeit zu, vermittelte ihnen die Gewißheit, sich dem ersehnten Ziel zu nähern. Das Konzert der kosmischen Wanderer verstärkte sich zu einem Chor der Äonen, als sie Iristhalandor erreichten.

Ein Sonnenbogen von Farbenfülle, wie er allen Himmelspilgern bisher gänzlich unvorstellbar war, breitete sich in firmamentener Mächtigkeit vor ihnen. Aus seiner Mitte floß ein Strahl hervor, der jeweils die Schar der Wanderer überflog und alle, die er streifte, durchschritten das Sonnentor.

Die Kristallglocken Jabrileas und Jabrilans verstummten in Ehrfurcht, zu gewaltig war das Geschaute, das sich ihnen offenbarte. In Demut verharrten sie vor dem kosmischen Heiligtum. Als der Strahl sie streifte, durften auch sie das Einweihungstor durchschreiten.

Kaum hatten sie die Sonnenpforten erreicht, als sie zurückschauend erkannten, welcher Weg hinter ihnen lag. Ausgehend aus dem Herzen der Kosmischen Quelle, waren sie als Funkenkinder durch die verschiedensten Schöpfungsformen gegangen, waren aufgestiegen von Lichtreich zu Lichtreich, bis sie zuletzt als Planetenseelen ihren Weg fortsetzten. Jetzt hatten

sie Iristhalandor erreicht, von wo aus ein neuer, herrlicherer Weg vor Ihnen liegen sollte.
Als sie das Tor durchschritten, berührte sie der Hauch des "Herrn der Quelle", und sie erkannten, wie sie mit anderen wanderten auf dem ewigen, unendlichen, kosmischen Pfad, immer geführt und bewahrt von Göttlicher Hand -- vom kosmischen Hirten.

Dualseelen

Weltennacht. --
Zeitennacht. --
Heilige Nacht. --

In ur-ewiger Einsamkeit das Unbegreifbare. Allbewußte Stille des Seins.
Schöpferschweigen. --
Kein Geisteshauch wird je ahnend die Schwelle überschreiten, wo Nicht-Geist wissend west.
Noch liegt verborgen der Atem der Liebe, doch schon erflammt im Schoß das Lebenslicht, wird strahlender, lodernder, freudiger -- drängt zur Geburt.
Aufjauchzende Lebenssonne, überfließend am Firmament des Seins, vergessen die Nacht der Zeiten. Es ward Licht.

Geboren aus Liebeslebensfeuer die Kinder der Flamme. Der Morgen der Zeit begrüßt seine Geschwister.
In die Stille des Weltentages ertönt das Allwort. Aus dem Zentrum der Lebenssonne eilt es auf feurigem Strahl. Strahl ist Wort und Wort ist Strahl.
Ewig vereint der Strahl und die Sonne -- und doch wird Sonne nicht Strahl und Strahl nicht Sonne.
Ewig vereint auch die Strahlengeschwister -- und doch ist jedes Strahlenkind mit seinem Namen gerufen.

Ruf dem Ruf folgend. Erwacht aus des Wortes Macht das

Strahlenkind.
„Andareda", hallt das Lichtwort. Auf dem Altar der Lebenssonne vollzieht der Allgeist die Flammentaufe.
„Andaredus", erneut der Ewigkeit Stimme.
Zwei Lichtgeschwister im Angesicht des Einen. Doch welches Mysterium. Vereinte bisher allein die gemeinsame Quelle die Flammenkinder, so schenkt nun der Ewige einen neuen Bund. Ein gestirntes Band der Liebe umfängt Andareda und Andaredus. Lichttrauung unter dem Dom des Zeitenmorgens.
So suchen himmlische Paare, geboren aus Allgeistliebe, verbunden auf dem Altar der Liebessonne, ferne Pfade in kosmische Weiten.

Lichtfunkenwanderschaft.
Andareda und Andaredus zogen ihre leuchtende Bahn. Sie empfanden das gestirnte Band des Schöpfungsmorgens, das sie umhüllte. In seinem funkelnden Spiel fanden sie aufleuchtende Tore. Strahlentore. Lichtkinderliebespforten.
Diese durchschreitend begegneten sie einander und erlebten sich reich beschenkt. In der Schönheit und Reinheit Andaredas entdeckte Andaredus eine neue, wunderbare Gabe des Allgeistes -- und ahnend näherte er sich dem großen Geheimnis des Seins.
Tief in seinem Lichtfunkenherzen vernahm Andaredus die Botschaft der Lebenslichtsonne.
„Kein Strahlenkind gleicht dem anderen. Jedes widerspiegelt ein verborgenes Licht meines Seins. Lebenslichtsonnenoffenbarung.
Ziehet weiter auf leuchtender Bahn und erkennt im erkennbaren die Liebe des Unerkennbaren. Alles birgt ein Mysterium

und jeder Schleier, den ihr in Einheit mit mir löst, beschenkt den Funken in euch mit strahlenderer Schönheit. Verbindet euch in Liebe mit euren Strahlengeschwistern und von Herrlichkeit zu Herrlichkeit wird euer Himmelsflug führen -- geleitet vom Segen des flammenden Geistes."

Äonen waren vergangen. Wissender und herrlicher wanderten Andaredus und Andareda in der Grenzenlosigkeit des Lebenslichtsonnenreiches. Zahllos die Schar der Geschwister, denen sie begegneten und mit denen sie ihre göttlichen Geschenke getauscht. Schleier um Schleier war gefallen, und immer ehrfurchtsvoller verharrten sie in liebender Demut vor dem Mysterium der Allgeistsonne.
Erneut kündeten Lichtschwingen ein fernes Strahlenkind, denn schwach nur empfingen sie die Flamme, weit entfernt schienen die kosmischen Geschwister. Geöffnet wurden die gestirnten Pforten, um die Botschafter der Liebe zu empfangen, doch undurchschritten blieb das Herzensportal und verschlossen die Tore für die eigenen Gaben.
Andareda und Andaredus verharrten. Nicht fern waren die kosmischen Geschwister, sondern schwach nur noch strahlte ihr Lichtfunke. Die verschlossenen Tore trennten sie von der Sonne des Lichtgeistes, und auch die Gaben ihrer Geschwister fanden keinen Eingang mehr. So konnte der Lichtfunke keine strahlende Pracht entfalten und versank in dämmrigen Trauerschimmer.
Andaredus und Andareda umhüllten das Schattenkind, um sein Wesen tiefer zu erfassen. Kaum schloß sich ihr Lichtband,

als ein zarter Ton ihr ungläubiges Erkennen offenbarte. Sie waren keinem Geschwisterpaar begegnet, dessen Licht verdunkelt war, sondern eine grenzenlose Schar einst strahlender Himmelskinder bildete jenes düstere kosmische Wesen.
Sie versuchten mehr von dieser eigentümlichen kosmischen Kolonie zu erkennen und nahmen sie in ihr Lichtfeld auf. Nun vermochten sie zu verstehen, daß sich hier nur Wesenheiten zusammengefunden, die ihre gestirnten Portale der Liebe verschlossen hatten. Wundersame Formen waren entstanden. Andaredus und Andareda erfuhren die Namen dieser Gestaltungen. Sie wurden Blumen, Bäume, Tiere, Menschen, Berge oder Meere genannt. Dabei erschauten Andaredus und Andareda, daß auch in vielen dieser begrenzten Gestalten die Dualseelen vereint waren. In welche Formen sie sich auch gewandet haben mochten, immer verband sie der gestirnte Schleier. Der Lebenslichtfunken, die Gabe des Allgeistes auf dem Altar des Zeitmorgens, war nicht erloschen. Verhüllt von den Schatten kündete sein zarter Glanz vom kosmischen Vermächtnis. Auch vernahmen Andareda und Andaredus leise Botschaften. Vom kosmischen Lebenslicht berührt, sandten Blumen und Meere, Berge und Tiere, Bäume und Menschen Rufe der Sehnsucht. Da erkannten Andaredus und Andareda, daß auch in den Kindern des Schattens das Geheimnis des Allgeistes waltete, und sie lauschten ihren Geschichten. So fanden zierliche Perlen der Liebe ihren Weg durch die gestirnte Pforte und auch für Andaredus und Andareda öffneten sich Tore, um kosmische Lichtfülle weiterzuschenken. Sie senkte sich in das Schattenreich, das immer heller zu werden begann.
Während die Schatten allmählich ins Nichts verschwanden, erblühte, das ganze Dunkelreich umhüllend, ein ins Unendliche

reichender Sternenlotos, und aus flammender Pracht erklang die ewige Stimme. „Seht die Blätter der Zeit verwelken und erkennt die ewige Bestimmung."

Während die Worte noch verhallten, erschauten Andaredus und Andareda, wie sich aus zwei Blumenkindern ein herrliches Licht entfaltete, in glitzernde Fülle wachsend und letztlich ein Lichtsternenpaar gleich ihnen, auf gemeinsamem himmlischen Pfad. Wesen auf Wesen sahen sie so dem Licht entgegenreifend.
Da erkannte Andareda und Andaredus die Weisheit des Allgeistes, der alle ihre Geschwister ihrer himmlischen Bestimmung entgegenführte. Mochten sie in Freiheit den Schattenpfad beschreiten, ihr Lebenslichtfunken, geboren aus der Sonne des Unerkennbaren, konnte nie den Altar der Liebessonne vergessen.

So zogen Andaredus und Andareda weiter in kosmische Ferne, wissend, einst auch wieder mit den Geschwistern der Schattenwelt vereint zu sein.
Weiter würden sie dann wandern, in Liebe verbunden, auf dem herrlichen Pfade -- der ohne Ende ist.

Flammenherzen

Leuchtende Stille um den versunkenen Buddha. Andacht im Chor der Devas. Sanft von Ferne tönendes Wort. Lichtlaut aus Geistesfernen.

OM ------

Friedenswogen hallten im Tonstrom aus Ewigkeitsfernen; fließend, sich wandelnd, verharrend, vergehend. Unwandelbar scheinbar in allem der Buddha. Schweigend in Meditation.
Flackernd geboren ein Herzenslicht. Tönend geöffnet der Herzlotos, entzündet die innere Flamme. Zierlich erstrahlend das junge Licht, doch bald schon, sich verklärend, in ihm die Geistgestalt des schweigenden Buddha.
Ausgehend vom Lotos des Herzens ergoß sich die Flamme, quellendem Wasser gleich, verzehrend über die Hülle des Erleuchteten. Während die äußere, sichtbare Form des Buddha versank in einem flammenden Licht, zog sich fächergleich aus dem Zentrum des Herzens ein Strahlenband, geformt wie ein Lebensrad, umschloß den Chor der Devas.
Jedesmal, wenn das Flammenspiel ein weiteres himmlisches Wesen erreicht hatte, strömte eine intensive Lichtlohe den ersten zarten Strahlen nach. So entzündete sich, in fortlaufendem Tanz, ein glitzerndes Flammenrad, das in vollendeter Schönheit in der geistigen Welt aufstrahlte. Die ursprünglichen Begrenzungen hatten sich aufgelöst, waren einer Gestaltung strömenden Geistesfeuers gewichen.

Vom Zentrum des Flammenrades, dem Herzlotos des Buddha, pulsierte die leuchtende Woge in die Peripherien, verband sich mit den Devas und strömte zurück. Als alle Lichtwellen in den Buddha zurückgeflutet waren, loderte aus seinem Herzen ein pyramidenförmiges Feuer auf, zog alle ausgesandten Energien in sich und verwandelte alles Bewußtsein auf eine höhere geistige Ebene.

Die Devas waren entwicklungsmäßig höherstehend als die Verkörperten, befanden sich daher diesen gegenüber eher im Stand des Lehrenden als in dem des Lernenden. Doch galt dies nicht für den Buddha. Er war in ferner Zeit aus den Lichtwelten herabgestiegen, um von Geistesreichen zu künden in irdischer Dunkelheit.

Wie die Devas dem ewigen Licht ständig entgegenreiften, so mußte auch der Buddha den Pfad der Entwicklung beschreiten. Doch war sein Weg seit seiner ersten Erdengeburt anders verlaufen als jener seiner einstigen Deva-Geschwister. Sein Opfer war groß gewesen. Aus der Freiheit und reinen Geistigkeit der Deva-Hierarchien war er hinabgestiegen in die Welten der Formen, Begrenzungen und Unwissenheit. Seine selbstlose Liebe und Hingabe war aber nicht unbemerkt geblieben. Die Flammen der Allgegenwart hatten gekündet von des Buddhas Tat im Quell des Ur-Feuers. Sie trugen hinauf die Lichtgaben des Opferwilligen.

Lang und mühsam war der Pfad des Gautama gewesen; zerrissen sein Geist von der Gottferne der Erdenwesen. Zahllos die Segnungen, die er geschenkt, zahllos die Bitten, die er erfüllt. Endlich war er zurückgekehrt. Verschenkt hatte er alles, was sein Besitz gewesen. Arm im Geiste war er heimgekommen. Reiche Ernte brachte die Saat.

Kristallrein war der Geist des Erleuchteten geworden. Lichter und heller noch als er gegangen, war er zurückgekommen. So war er zum Flammenträger geworden, Gefäß für die verzehrende Herrlichkeit des Ur-Feuers. Vom Lehrer der Menschen gewandelt zum Meister der himmlischen Devas.
So hatte nun der Buddha den Chor der Devas hinaufgeführt in lichtere Existenzen, in göttlichere, gott-gleichere Bewußtseinsebenen. Im Pyramidenfeuerstrom war die Wandlung der Devas eingetreten. Sie waren aufgestiegen nach Goloka -- dem Reich der Flammenherzen, der Lichtwelt.
Hatte sie der Buddha im Deva-Reich geführt, war er ihr Meister gewesen, so war er in Goloka nun wieder ein Lichtkind wie jene, die er emporgeleitet. Es gab keinen Buddha mehr -- es sei denn, es gab einen Buddha von Goloka.

Ewigkeitszeit war vorübergezogen in Goloka. Seligkeitstrunken das Dasein der Geisteskinder. Begierdelos tranken sie aus den unerschöpflichen Quellen der Lichterwelt; hingegeben an die Wunder der herrlichen Sphären.
Wie konnte in Goloka Sehnsucht entstehen? Und doch war sie geboren. In der Unbegreiflichkeit des Mysteriums war ihr Ruf erklungen und erhört worden. Ahnende Gewißheit neuer Welten, beglückenderer Wonnen ließ sie in stillem Verharren Kommendes erwarten.
Heilige Offenbarung des Buddha von Goloka. Unbegreiflich, im geflügelten Kelch, gerufen vom Klang der Sehnsucht, hatte er den Thron von Goloka verlassen. Aus Sternenkristall sein Zepter der Einweihung.
Unvermittelt die Berührung. Heiliges Zepter in heiliger Weihestunde.

Aufleuchtend die himmlischen Flammenherzen. Tore in Gottesreiche. Welten, oh welche Welten. Wundergaben des Unendlichen, Gnadenfülle des nie Begreiflichen.
Flammenherzen, Flammenherzen -- unsagbare Offenbarung.

Kein Seher kündete je vom Reich jenseits des Flammenherzentores.

Der ewige Wanderer

Weltalter waren vergangen. Lautlos zogen Sonnen und Planeten durch die majestätischen Weiten des Weltalls. Ewig schienen sie schon so auf ihren Bahnen die Unendlichkeit zu durchwandern, denn welcher Geist vermochte zurückzuschauen in jene Zeiten, als die Zeit noch im Schoße des Allvaters ruhte. Zeit sagt der endliche Geist, aber was meint Zeit für den Ewigen.

Schweigend verehrt der Kosmos den Unbegreiflichen.

Der ewige Wanderer schreitet durch die Zeit. Verharrend, auf den Stab der Schöpfung gestützt, lauscht sein Geist in die Stille. Immer inniger verbindet sich Sein Wesen mit dem schweigenden All. -- Zarte Töne werden geboren, gehaucht aus dem Schoß des Weltalls. Auf samtenen Strömen erreichen sie das Herz des Wanderers.
Wie in einem endlosen Lotosblütensee die Sonnenstrahlen in herrlicher Vielfalt sich brechen, so strömten die Töne gleich einem ewigen Quell. Versunken lauschte der Wanderer den Botschaften, die sein Herz erhielt. Es waren Botschaften der Sehnsucht, Botschaften innigsten Verlangens nach Heimkehr. Klagende Kehlen öffneten ihre Herzen im Lotossee -- und immer tiefer versenkte sich der ewige Wanderer in Sein Inneres. Aus den unendlichen Sphären des materiellen Alls riefen die Kinder des Einen nach ihrem Vater. Die Schattenwelt flehte um das Licht des Allmächtigen.

Zeitalter, kosmische Weltenjahre, waren dahingezogen, seit das Licht zum Schatten geworden. Aus dem ewigen Lichtreich waren die Kinder des Leuchtenden gefallen, hinab in die Nacht gesunken. Immer tiefer in die Dunkelheit hatte sie stolze Verblendung geführt. In unsagbarer Traurigkeit mußte der Leuchtende ihren Weg verfolgen, denn selbst der Ewige durfte sie nicht halten. So fielen sie frei in die Dunkelheit, in die Unfreiheit, ins Reich der Schatten.

Es waren Äonen vergangen, und die materielle Welt hatte sich gebildet, der sichtbare Kosmos. Da aber aus dem Licht des Einen geboren, konnte er nie in völlige Dunkelheit versinken. So erwachte auch in den Kindern der Schattenwelten einmal wieder die Sehnsucht. Überwältigend war die Erkenntnis des Geschehenen. Aus der Herrlichkeit des Lichtreiches waren sie gefallen in die Gottferne. Aus der Freiheit des Geistes war die Gebundenheit der materiellen Form geworden.

So strömte aus der Weite des Weltalls ein kaum versiegen wollender Schwall klagender Bitten in das Herz des einsamen Wanderers, der, auf seinen Stab gestützt, den Rufen seiner Kinder lauschte.
Wer, außer dem Ewigen selbst, vermöchte zu erahnen, welche Empfindungen den Versunkenen erfüllten. Konnte dem Auge des Wanderers, des Unveränderlichen, des ewig Allmächtigen, eine Träne entfliehen?
Konnte Gott weinen?

Selbst das All schien die Erhabenheit des Augenblicks zu empfinden, und in heiliger Stille verstummte der klagende Tonstrom. Es herrschte die Stille des Absoluten.

Der ewige Wanderer richtete sich auf. Beide Hände lagen auf dem Stab der Schöpfung. In Weltenferne richtete sich der Blick und mit geöffneten Händen hob sich der Stab und folgte der Richtung der Augen. Als der Stab die Höhe des Herzens erreicht hatte, öffneten sich die Lippen des Wanderers, ein Name erklang, und wie auf silbernen Schwingen entschwebte er in die Weite:

„Ormaladin."

Während die Silben noch verhallten, begann aus der Dunkelheit ein Licht zu erstrahlen. Erst war es nur als winzige Flamme zu erkennen, dann gewann es schnell an Leuchtkraft, und in kürzester Zeit hatte eine goldene Lichtgestalt sich genähert. Sie berührte den Stab mit der Stirn und sank dann in Anbetung nieder, eine Silhouette wie ein aufsteigender Springbrunnen bildend.

Der Stab des Wanderers drehte sich ein wenig und erneut zog der silberne Hall eines Namens durch den Raum:

„Choraldar."

Auch diesmal flammte in Weltenferne ein Licht auf, das sich bald in eine leuchtende Gestalt verklärte, die sich vor dem Wanderer anbetend verneigte.

Noch viermal drehte sich der Stab, jedesmal in eine andere Richtung weisend. Vier Namen erklangen und vier leuchtende Gestalten erschienen aus der Tiefe des Raumes, berührten den Stab des Wanderers und sanken vor ihm nieder.

Sechs Silhouetten umrahmten Seine Gestalt, jede von unsagbarer Schönheit und doch in jeweils verschiedener Lichterpracht. Es waren alles Wesen aus geistigem Licht, und die ewig

unfaßbare Vielfalt der Gottesfarben widerstrahlte in ihren Formen. Der feurige Glanz des Astrallichtes wäre zur Schwärze erstarrt neben der heiligen Lohe dieser Geistboten.
Noch ein siebentes Mal drehte sich der Wanderer, wies sein Stab in die Weite und erklang die Stimme, einen Gottesboten rufend:
„Christus."
Auch der siebente der Leuchtenden versank anbetend in einer Lichtsilhouette vor dem Ewigen. Der Kreis der Sieben hatte den Wanderer umschlossen, und im Moment, wo Christus, der als letzter erschienen, vor ihm niedergesunken war, hob der Wanderer seinen Stab in die Höhe und löste Seine Gestalt auf. Der Wanderer hatte Seine Form wieder in der Formlosigkeit verborgen. Eine Sonne aus Diamanten hüllte die Sieben ein, und ihre leuchtenden Formen verschmolzen mit dieser Sonne des Vaters. Seine Liebe zog sie in Sein Herz und in der göttlichen Stille vernahmen sie den Klang der flehenden Gotteskinder. Über den Wassern des Lotossees schwebte der Geist Gottes und seine Liebe floß über in Seine Boten.

Als die Kinder des Lichtes einst ihren Weg in die Welt des Schattens wählten, durfte auch die göttliche Allmacht keinem diesen Weg wehren -- und so gingen viele. Sie glitten hinab in die Welt der Dunkelheit; doch nicht alle der Gotteskinder verließen das Lichtreich.
Ormaladin, Choraldar, Christus und andere blieben im Reich des Vaters. Sie gingen ihren Weg immer im Licht, zogen ihre Bahnen durch die Wunderreiche der Ewigkeit, empfingen Gabe auf Gabe aus der Gnadenhand des ewigen, liebenden Gottes. Wunder auf Wunder offenbarte ihnen der Ewige und

ihre Ehrfurcht vor der Allmacht konnte nur in liebender Anbetung ihren Ausdruck finden.
Aber Gott liebte nicht nur die Kinder des Lichtes, sondern mit gleicher Innigkeit empfand Er für die Kinder des Schattenreiches. So bat Er jene Geister des Lichtes, die immer bei ihm verblieben waren, hinabzuziehen in die Reiche des Schattens, um jene ihrer Geschwister heimzuführen, deren Herzen in Sehnsucht riefen, heimkehren zu dürfen in die einstige Heimat.
Freudigen Herzen suchten die Boten des Lichtes ihren Weg in die Dunkelheit. Es waren Wege der Schmerzen und des Leides, denn die Geister des Schattens ließen jene, deren Sehnsucht sie zurück in die Lichtheimat streben ließ, nie ohne Kampf ziehen. Doch die Lichtboten kehrten wieder und wieder zurück in die Schattenwelten, der wenigen, die nach ihnen riefen zuliebe. Das Licht des Einen strahlte in ihren Herzen und Sein Stab ruhte unsichtbar in ihren Händen. Kam dann die Zeit, wo sie der ewige Wanderer rief, so kehrten sie jubelnden Herzens zu Ihm zurück und stets waren Geschwister durch ihr Werk aus dem Schattenreich aufgebrochen, um einst wieder, wie sie, vereint mit dem Licht des Ewigen zu sein.
Die Lohe der Diamantsonne zog sich wieder in sich zurück, der ewige Wanderer stand erneut in der Mitte der sieben Lichtsilhouetten. Er nahm seinen Stab, legte ihn auf Seine geöffneten Handflächen und reichte ihn jedem der Sieben. Während jeder seine Hände unter das andere Ende des Stabes legte, verwandelte sich dieser in einen feurigen Strom, der zwischen den Herzen beider floß. Dann betrat jeder der Gottesboten wieder seinen Weg hinab in die endlosen Weiten des Alls.

Außer dem ewigen Wanderer weiß keiner, wieviele der leuch-

tenden Boten durch den Kosmos ziehen. Allein der Ewige kennt die Zahl der Welten, kennt die Erlöser des Kosmos. Doch in einem Bereich des Weltalls strahlt Sein Licht durch Christus, einen Seiner Söhne.
Keiner kennt die Zahl der Erlöser, aber nur einen zu kennen, ist schon erlösend.
So zieht auch Christus durch das Weltall, um jene zu suchen, die einst seine Geschwister waren, damit sie es durch ihn erneut werden.

Der ewige Wanderer aber ist wieder, auf Seinen Stab gestützt, in sich versunken -- und lauscht auf den Klang der sehnenden Rufe aus dem Kosmos.

Die Kosmischen Mütter

Im Raunen der Nacht
Vom flammenden Strahl
Wachen kosmische Mütter
In endloser Zahl

In ewigen Weiten
Wirkt die heilige Schar
Den Weg zu bereiten
Aus Sternenhaar

Wogend der Sonnenstrom
Geistergesang
Heimkehr zum Weltendom
Göttlicher Klang

OM

Der weiße Vogel der Nacht glitt auf silbrigen Schwingen durch die rufende Weite. Bote vom Reich der Saraden. Dem Sphärenstrom folgend führte ihn sein Weg zum Dom der Mahasya-Welt, in der das Saradenreich beheimatet war. Glitzernd spiegelte sich der flammende Strahl des Sphärenstromes auf seinem glänzenden Gefieder. Majestätisch schwangen die Flügel, ließen Agadar, den weißen Boten, lautlos seinem Ziel zustreben.
An Sternen und Planetennebeln vorbei folgte Agadar seinem funkelnden Führer. Wundersame, lichtumwobene Wesen kreuzten seinen Weg, sandten einen Lichtgruß und zogen weiter. Verschieden und doch Eins, wußten sie sich in gleicher Mission unterwegs.
Ein Mahasya-Jahr neigte sich dem Ende entgegen und der „Rat der Mütter" sollte sich erneut zusammenfinden. Die jährliche Versammlung des Rates bedurfte sorgfältiger Vorbereitungen. Botschaften wurden ausgetauscht, die Leuchtenden der Mahasya-Welt gaben kund, was in ihren Reichen sich zugetragen. Zu gewaltig maßen die Grenzen, als daß die Seher der einzelnen Reiche alles Geschehen zu überschauen vermocht. So war Agadar gesandt, die Botschaft der Saraden zu überbringen.
Immer leuchtender wurde der Flammenstrom. Agadar erkannte an diesem Zeichen die Nähe des Weltendomes. Schon schimmerten von Ferne gewaltige Lichtkuppeln, zeigten das Ende des langen Fluges an. Sachte schwebend tauchte Agadar in die lichte Flut, wurde durchscheinender, war selbst Licht geworden. Als Licht im Lichte befand er sich im Turm des Veda, dem Turm der Botschafter.
Ohne Zahl war die Schar der Boten, zahllos auch die Farben, die im wogenden Meer des Lichtes in schimmernder Vielfalt er-

strahlten. Im fließenden Licht lauschten die Geschwister Agadars Botschaft von den Saraden; erfuhr er von den Geschehnissen in den Nachbarreichen.
Als alle Botschafter ihre Aufträge erfüllt hatten, begann der Heimflug aus dem Dom, verließen sie den Turm des Veda, nahmen Form und Gestalt an und tauchten ein in den Flammenstrahl. Agadar war auf dem Rückweg ins Saraden-Reich.

Im sanften Weiß schimmerte der Muschelring, der das Saraden-Reich umschloß, als Agadar am Ziel seiner Reise angelangt war. Er ließ den Ring hinter sich, und flog auf das Schwanenschloß zu. Von weitem schon sah er Mirgon, den Hüter der Boten, auf den Zinnen von Larendor stehen. Freudig begrüßte dieser den Erwarteten und zog sich mit ihm ins Innere von Larendor zurück, in die Halle der purpurnen Feder. Agadar berichtete über die Zusammenkunft im Weltendom und die Vorbereitungen für den diesjährigen „Rat der Mütter". Mirgon vernahm die Botschaften Agadars mit geschlossenen Augen und tiefer Konzentration. Dann dankte er seinem gefiederten Boten und schritt die Wendeltreppe hinauf zum Gemach der Saraden-Königin.
Der Ostturm von Larendor war der höchste des Schlosses. In seiner Spitze lagen die beiden kleinen Zimmer von Saraeloha, der Saraden-Königin, die von der Ankunft Agadars wußte und Mirgon im Perlmuttzimmer erwartete. Die beiden Turmgemächer waren mit seltsam schönen Gemälden geschmückt, voller Symbole und verzaubernder Motive. Nur die Weisen des Saraden-Reiches wußten sie zu deuten, erkannten in ihnen die Geheimnisse des Rates.
Lange währte das Gespräch zwischen Mirgon und Saraeloha.

Schon heraufgezogen war die Nacht im Saraden-Reich, als Mirgon die Königin verließ, sorgenvollen Gesichtes. Düster waren die Botschaften vom Weltendom gewesen, dunkle Wolken über der Mahasya-Welt.
Der kommende Tag brachte den Aufbruch der Saradener. Agadar und seine Geschwister trugen Saraeloha, Mirgon und die Herren der Stille auf ihren mächtigen Flügelteppichen dem Weltendom entgegen.
Schon bald begegneten ihnen Freunde aus anderen Reichen der Mahasya-Welt, und gemeinsam zogen sie ihrem Ziel entgegen.
Diesmal erspähte Agadar das Heiligtum bereits weitaus früher als bei seinem Botenflug. In golden glühender Schönheit wies der Weltendom den Gefährten schon von Ferne den Weg. Von allen Seiten strömten ihm Scharen lichter Wesen zu, tauchten ein in sein flammendes Meer, ließen es intensiver noch strahlen als zuvor.
Als alle Gesandtschaften im Dom versammelt waren zählte man einhundertvierundvierzig mahasyanische Königinnen. Der „Rat der Mütter" war vollzählig.
Es war an Saraeloha, in diesem Jahr den Rat zu leiten, und sie nahm daher als erste das Wort. Sie dankte den Ratsmitgliedern für ihr Kommen und wies auf den einzigen Inhalt der diesjährigen Versammlung hin -- die Erhaltung des terranischen Reiches.
Das terranische Reich lag nicht in der Mahasya-Welt, denn diese existierte auf einer höheren Schwingungsebene, doch konnten sich ihre Bewohner bis zur terranischen Ebene herunterschwingen, dichtere Gewänder um sich hüllend.

Das terranische Reich nun, so hatte man im Saraden-Reich und in den anderen Teilen der Mahasya-Welt erfahren, drohte durch dunkle Kräfte vernichtet zu werden. Schon war die terranische Aura getrübt und die Kämpfe zwischen den lichten Terranern und den Gegenkräften heftig entbrannt. Boten des Rates waren gesandt worden, hatten Hilferufe der lichten Terraner empfangen und diese dem Rat überbracht. Nun stand weiteres Handeln zur Entscheidung an. Saraeloha hatte die Seher zu sich gerufen und sie gebeten, die Ereignisse im terranischen Reich zu erhellen.
Nichts anderes konnten die Seher künden als die Boten vernommen. Lichtkinder und Schattenknechte im Kampf um das terranische Reich. Eile schien geboten, um die Vernichtung zu verhindern; denn die Zerstörung des terranischen Reiches würde die Vernichtung einer Wohnstätte für viele Wesen bedeuten, die nur dort die ihnen entsprechenden Bedingungen für den geistigen Aufstieg vorfanden. Lange Zeiträume bedürfte es, um im Zerstörungsfalle eine neue, gleichartige Welt zu bilden, um den Heimatlosen neue Wohnstatt zu geben. Währenddessen blieben allein die Reiche der Träume für die Terraner als Aufenthaltsstätte, denn sehr wenige nur vermochten sich hinaufzuschwingen in lichtere Welten.

So konnte es im Rat nur eine Entscheidung geben, den lichten Terranern zu Hilfe zu kommen. Doch keine Boten sollten diesmal gesandt werden -- diesmal wollte der Rat selbst auf flammendem Strahl hinabziehen. So flochten Agadar und die seinen eine Treppe aus Sternenhaar und hinab stiegen die kosmischen Mütter, während im terranischen Reich ahnende Herzen um Hilfe aus lichter Ferne wußten.

Sternengeister

Es war still. --
Es war ein göttliches Schweigen. --
Der Atem Gottes wehte nicht durch den unendlichen Raum. Es gab nicht einmal den unendlichen Raum, denn es dachte ihn niemand. Gott ruhte in sich selber.

Ein Ton.
Ein ewiger Laut war durch die Zeit gehaucht worden, der er die Geburt schenkte. Kam er aus der Stille, kam er von jenseits der Stille, war die Stille vielleicht der Ton gewesen? Niemand vermag eine Antwort zu geben. Mit dem Ton zugleich war Licht durch die Zeit geweht.
Mit dem Licht wurde Leben geboren, erwachte Bewußtsein. Scharen von Wesen strömten durch die Weiten. Endlose Sternenwogen.
Eine Flamme.
Aus dem Meer der Ewigkeit tauchte eine silberne Barke empor. Geführt vom Allgeisthauch zog sie von fern ihre Bahn. Kostbare Fracht barg ihr Inneres.
Schweigend verharrten die kosmischen Kinder, erwarteten heiliges Geschehen.

Geistgeflammt wird aus dem Herzen der Barke ein Sonnenkind geboren -- die Sonne der Weisheit. Aufsteigend in göttlichem Glanz ergießt sich ihr strahlender Segen über alles Leben.
Noch leuchtet das Firmament, da schenkt das Barkenherz er-

neut ein Sonnenkind und empor lodert die Sonne der Güte. Wogenmeere ziehen vorüber, bis das dritte Sonnenkind der silbernen Heimstatt entspringt und aufzieht -- die Sonne der Liebe.
In Glückseligkeit perlen Sternentränen aus den Seelen der göttlichen Scharen, sinken hinab in grenzenlose Räume. Doch sie fallen nicht ziellos, sondern in wunderbarer Anziehung findet Tränenperle zu Tränenperle, um zusammenzuströmen zu silbernem Wasserfall. Aus zahllosen Sternenreichen kommend, füllen die Wasserfälle einen galaktischen Brunnen, geziert von lichtgeborenen Karfunkelsteinen.
Kaum haben alle Wasserfälle den Karfunkelsteinbrunnen erreicht, als aufjubelnd eine Sphärenfontäne emporsteigt, der Liebessonne entgegen.

Weiter zieht die silberne Barke.
Eine Glocke erklingt; und als hätten alle Glockenwesen nur auf dieses Göttliche Zeichen gewartet, ertönt ein unbeschreiblicher Glockenchor. Durch alle Sphären eilend, wird er allmählich leiser, bis er verstummt. Aus unsagbarer Ferne, doch deutlich vernehmbar, erschallt eine Stimme:
„Ihr seid die Hüter des Glockentones. Darum sei euch eine Welt geschenkt -- der Glockenstern."
Eine Harfe erklingt.
Hatten zuvor alle Glocken geantwortet, so sind es diesmal alle Harfen. Als der Harfenchoral verhallt ist, verkündet eine Stimme:
„Ihr seid die Hüter des Harfentones. Auch euch sei eine Welt geschenkt -- der Harfenstern."

So vollzieht es sich bei allen Instrumenten. Immer erklingt zuerst ein Ton, dem alle Instrumente antworten. Dann schweben sie aufeinander zu, denn jedes Instrument ist ein lebendiges Wesen und bildet einen klingenden Stern. Nach dem Empfangen des Göttlichen Segens entfernen sie sich allmählich in Raumestiefen. Von Weitem hallen noch die Töne in ihrer Vielfalt, denn jedes Wesen verkörpert einen eigenen Klang. Keiner tritt zweimal auf. In der Schöpfung der Töne gibt es keine Wiederholung.

Sanft schwang die Symphonie der Töne in den Sphären nach, als ein zartes Goldlicht aufleuchtete. Überall blinkten nun, wie auf verborgenen Anruf, kleine goldfarbene Funken auf, verbanden sich mit dem goldenen Ur-Licht. Als so ein gewaltiges Strahlenmandala entstanden war, erklang erneut die Stimme. „Ihr seid die Hüter des Goldlichtes. So sei euer eine Welt -- der Goldlichtstern."
So vollzog es sich mit allen Farben. Man mag vielleicht denken, es gäbe nur wenige Farben, doch diese Vorstellung ist unzutreffend. Keiner vermöchte sie zu zählen.
Nach den Farben formten die Kugeln ihre Welt. Wer vermag das Bild zu erfassen, das Myriaden von Lichtkugeln boten, die, sich zu einem Stern zusammenschließend, durch die Weiten schwebten. Der Stern der Kugeln.
Als alle Töne, Farben und Formen ihre Sternenheimat gefunden hatten, herrschte wieder Schweigen.

Nach langer Zeit erst erklang erneut die Stimme. Doch diesmal rief sie ihr Gleiches ins Dasein -- Stimmen. Seitdem klingen die Geister der Stimmen durch das All, bilden Formen, in klin-

genden Tönen schwingend.
So formt jedes Wort, in jeder Welt, eine Farbe, deren Ton durch die Ewigkeit hallt, Gestalt annehmend.
Wer seine Blicke zu den Reichen der Sterne emporhebt, sollte nicht vergessen, daß dort die Heimat jedes Tones, jeder Farbe und jeder Form liegt.
Doch damit ist noch lange nicht alles beschrieben, was aus dem Göttlichen Schweigen hervorging. Noch immer aber erklingt die eine Stimme, die Stimme des Einen.
Und keine Stimme vermag alles zu sagen, was zu sagen wäre.

Sonnentanz

Hell erstrahlte das galaktische Feuer. Im firmamentenen Glanz die Sternengirlande. Sanft gewölbt der gestirnte Dom, geschmückt für kosmische Gäste.
Aus der Tiefe der unendlichen Sphären zog die kosmische Schar ein ins Reich der ariolanischen Pyramide. Flammende Herolde waren in weite Fernen gewandert, um zum himmlischen Fest zu laden. Strahlengewandet näherte sich der Zug der Sternengeister. Aus dem Zentrum ihres Wesens floß der funkelnde Botengruß, ferne Heimatsterne -- und doch im ariolanischen Reich.
Ein Lichterteppich senkte sich aus dem Herzen der Sonnenpyramide über die Ankommenden, versprüht aus den leuchtenden Augen der Ariolanen. Aus unerschöpflichen Quellen schien der Flug der Lichtflocken gespeist. Wie von geheimnisvoller Intelligenz geleitet, formten sich die Lichtflockenkinder zu neuen, kleinen Pyramiden und zogen der Schar der Ankömmlinge entgegen. Dort tauchten sie ein in den flammenden Sphärenstrom, freudig empfangen als Gaben der Liebe.
Die kosmischen Geschwister hatten ihre Willkommensgrüße getauscht, und die Leuchtenden waren nun versammelt unter der Planetengirlande, die schmückend das ganze ariolanische Reich umspannte.
Sternenkrone zum Sonnentanzfest.

Das Sonnentanzfest war eine seltene Feier im ariolanischen Reich, und alle waren voll Freude gekommen. Sonnenhochzeit

in den Pyramidensphären. Festlich gestirnt das Firmament.
In die erwartungsvolle Stille hallte der Klang der Glocke von Sasthar, und ehrfurchtsvoll grüßte die kosmische Schar mit leuchtendem Strahl. Der Hüter der Glocke, der Logos von Sasthar, stimmte den Hymnus der Sonnenhochzeit an. Machtvoll brauste der Sternenchoral durch die Sphären und herrliche Formen wurden geboren im geistigen Reich.

Wie Sternensturm schallte es durch die ariolanische Welt und immer feuriger strahlte die Pyramide; bis das geheimnisvolle Wort erklang, gesprochen mit hymnischer Kraft vom Logos von Sasthar.

Kaum war das Wort verklungen, öffneten sich die vier Seiten der Pyramide, weiteten sich bis an die ferne Höhe der Planetengirlande.
Einzug hielten die Sonnenkinder. Zwölffach gewandet war die flammende Sonnenschar, ein Lichtkleid strahlender als das andere. Nur zwei der Sonnenkinder trugen auch das dreizehnte Flammengewand. Dieses bildete für alle Sonnenwesen die dichteste Hülle, sichtbar in allen Sphären der Festigkeit. Die zwölf anderen Gewänder trugen sie auf den inneren Welten, jedes einem lichteren Reich zugeordnet.

Erneut ertönte die Glocke von Sasthar und der Hüter gab das Zeichen zum Sonnentanz.
Flammenkreisel im ariolanischen Rad. Tanz der Gestirne. Sonnenwirbel unter dem Pyramidenfeuer.
Der Logos von Sasthar hob den Stab der Einweihung und das Sonnenpaar empfing den galaktischen Segen.

Auflodernd durcheilten die Planetengeister die Zeit. Rückschau durch ferne Bewußtseinsstufen. Zahllose Welten und Formen erwachten in ihnen erneut zu kosmischem Leben, um wieder zurückzusinken, überlichtet von ferneren Bildern. So kehrten sie zurück, um sich wiederzufinden als neugeborene Funken aus Allgeistquellen. Ohne Maß erschien ihnen der Weg, den sie durchwandert.
Doch im Berühren des heiligen Ursprungs verlosch die Erinnerung des Weges. Licht und Dunkel, Glück und Leid, Stufen und Pfade verglühten unter der Berührung des Einweihungsstabes. Die dreizehn Gewänder fielen von den vereinten Dualseelen ab, und im heiligen Einweihungsfeuer lösten sie sich aus dem ariolanischen Reich.
Unerkannte Welten werden neu sie aufnehmen.

Und leise verklingt der Sonnentanz.

Die Kristalltreppe von Fangyr

Die Schleier der weißen Nacht verfingen sich im Hauch aufdämmernder kosmischer Morgenröte. Sanft erwachten die Silberfarne aus Perlenschlummer. Zarter Lebenshauch.---
Fangyr, die Sonnenmutter, weckte ihre Kinder.
Träumend, im Tautropfengewand, fanden ihre Strahlenboten Arabesque, das Sternenkind. Auf den Schwingen der Liebesflamme war sie ins Sonnenreich von Fangyr gelangt. Botschafter aus Zeitenferne, wandelnd auf dem Pfad der Weltalter.
Arabesque kannte nicht den Ursprung ihrer Wanderung, doch ahnende Sehnsucht trug sie auf lichten Bahnen einem ewigen Ziel entgegen. Fern war das Ziel, unendlich fern; und doch empfand sie die schützende Hand bei jedem Schritt. Der Atem des EWIGEN umhüllte sie, sein Hauch war ihr Leben. Ewiges Leben. ---
Fangyrs Morgengruß spielte eine Symphonie des Lebens auf dem Sternenkleid seines lichten Kindes. Fandragola, die Sonnenfarbe, überzog das Tautropfengewand. Weit öffnete sich Arabesque der Morgengabe, sandte in Demut den Dank des Lichtkindes an die große kosmische Hüterin.
Im strahlenden Licht des Morgens erschaute Arabesque den Garten der Silberfarne, dessen schimmernde Pracht, eingetaucht in den Zauberton Fandragola, sie schweigend betrachtete. Der Silberfarngarten lag auf Tandryr, einem kleinen Planetenkind aus Fangyrs großer Familie.

Über Arabesque schwangen die zierlichen Glockenkelche einer Andrane und beschenkten die Erwachende mit leisen Klängen. Arabesque dankte ihren Blumengeschwistern und wandte sich der Wunderwelt des Silberfarngartens zu.
Zahllose Lichtreiche hatte sie schon besuchen dürfen, doch jedes bot neue Herrlichkeiten. Überall entdeckte sie im Garten Andranen und lauschte ihren berückenden Klängen. Zwischen ihnen floß ein kleiner Bach, dessen reines Wasser Heimstatt für vielfarbene Blumenwesen bot. Ein himmlischer Duft entströmte allen Blumenkindern, erfüllte eine seidene Luft. Geschenke des EWIGEN, zeitlose Gaben der Liebe.
Am Ufer des Gewässers fand Arabesque ein herrlich verziertes Andranenblatt. Es schien sie einzuladen, behütet in ihm, dem Spiel der Fluten zu folgen. Arabesque beschloß, die versteckte Einladung anzunehmen, und bald trieb sie in ihrem Andranenblatt auf dem glitzernden Bach, dem munteren Spiel der Wellen zuschauend.
Lächelnd, in kosmischer Weisheit, folgten die Strahlen Fangyrs der Fahrt des kleinen Sternenkindes, schon lange bereit, den lichten Gast zu empfangen.
Allmählich war der Bach breiter geworden, bis er letztlich in einem großen See sein Ziel fand. Getragen von den Wellengeistern, erwartete Arabesque vertrauensvoll, wohin sie geführt werden würde.
Von Ferne erblickte sie mitten im See eine Insel, umhüllt von einer großen Hecke aus Silberfarnen. Wie von kundiger Hand geführt, trieb das Andranenschiffchen auf die Hecke zu, die dem Ankömmling bereitwillig einen schmalen Durchlaß öffnete. Kaum hatte Arabesque jedoch die Hecke durchfahren, als sich diese sogleich wieder hinter ihr schloß.

Auf dem Inselchen verließ Arabesque ihr treues Boot, dankte ihm und betrat einen verschlungenen Weg, der sie weiter ins Innere führen sollte. Neue, noch schönere Pflanzenkinder begegneten ihr und beschenkten sie mit einem Liebesgruß.
Nach einer Weile sah sie zwischen den Blüten ein schimmerndes Feuer, das im Zentrum der Insel zu brennen schien. Langsam näherte sie sich ihm, bis sie erkannte, welches die Ursache für das feurige Licht bildete. Sie schaute auf die Königin von Tandryr, die in majestätischer Schönheit der Sonne Fangyr entgegenwuchs.
Im Herzen dieser Himmelsblume flammte jenes Lichtfeuer, das Arabesque schon von fern erblickt hatte. Tief senkte sich ihr Geist in das Flammenherz, als sie spürte, wie sie emporgehoben wurde und ihm entgegenschwebte.

Arabesque fand sich vor einer Kristalltreppe, die sich in endlose Höhen zu erstrecken schien. Das Flammenherz der Königin von Tandryr war der Eingang zu Fangyrs Reich.
Die unteren Stufen der Kristalltreppe spiegelten sich noch im Licht von Fandragola, doch auf den höheren brach sich eine neue Sonnenfarbe, lichte Verheißung kommender Schönheit.
Arabesque betrat die ersten Stufen. Kaum hatte sie diese jedoch berührt, als das Kristall durchsichtig wurde und Arabesque im Spiegel der Kristalltreppe -- sich selbst sah. Es war aber nicht die Arabesque von Tandryr, die sie erblickte, sondern sie sah sich in jener Welt, die ihre Heimat war, bevor sie ins Sonnenreich von Fangyr gelangte. Sie schaute ihr ganzes Leben, bis zu ihrer Ankunft in der vorigen Welt. Dann erlosch das Kristall und wurde wieder zur Treppenstufe.
Arabesque betrat die nächste Stufe -- und wieder schaute sie im

Spiegel sich selbst, diesmal ein weiteres Leben zurück. So ging es Stufe um Stufe. In Urfernen blickte Arabesque, erkannte, welche Gesetzmäßigkeiten ihre Wege bestimmt hatten.
Als sie die letzte Treppenstufe erreicht hatte, leuchtete kein früheres Leben auf -- sie schaute das Licht des EWIGEN. Jetzt kannte sie ihren Weg -- und ihren Ursprung.
Vor ihr erklang himmlische Musik, und in der Harmonie der Töne vernahm sie ihren Ton. Jubelnd sang sie ihn und ein Flammentor am Ende der Treppe öffnete sich, um Arabesque aufzunehmen.

Die Sonne Fangyr hatte das Sternenkind empfangen.
Doch es wird weiterziehen, immer weiter -- und niemand kennt die Wege, die ER bereitet.

Strahlenfeuer der Plejaden

Kosmisches Glockenspiel. Gottesdienst im gestirnten Reich. Tonspiralen in unaufhaltsamen Strömen. Machtvolles Klangmeer in ewigen Weiten. Tempelchoräle auf- und abschwingend im plejadischen Dom. Lichtsäulen, aufsteigend aus dem Zentrum des Sonnenmandalas, Herz der Plejaden.In heiliger Ehrfurcht wurde auf den Plejaden die Feier des Strahlenfeuer-Mysteriums vollzogen. Kosmische Botschafter aus den Reichen der silbernen Sonnen, Lichtengel aus den Sphären der weißen Nacht, Himmelskinder aus der Heimat des blauen Seelenvogels. Lichtgewandet versammelt zu gesegneter Weihehandlung.
In der Mitte eines Sonnenjahres wurde im Dom der Plejaden das Strahlenfeuer der kommenden Zeit entzündet. Die kosmische Bruderschaft beging diese Feier in himmlischer Harmonie. Wesen unterschiedlichster Gestalt und Gewandung fanden sich ein, alle aber verbunden durch den ewigen göttlichen Funken, jenes unvergängliche Geheimnis, das Schöpfer und Geschöpf, in offenbarender Herrlichkeit, von Äon zu Äon in unbegreifliche Einheit verflocht.
Erhabener Herr der Plejaden, Schöpfer auch dieses kosmischen Kindes, in Demut geöffnet sind die Tore seines Domes, sehnsüchtig zugeneigt der strahlenden Helle.
Dem plejadischen Lichtreich kam die Aufgabe des "Hüters des Strahlenfeuers" zu. Es erstreckte sich in leuchtender Herrlichkeit in der planetarischen Familie. Ein heiliger Stern im grenzenlosen All des ewigen Geistes.

Die plejadischen Lichtwesen kannten die ungeheuren Ausmaße ihres Reiches, und, indem sie diese erfaßten, erschauerten sie vor der heraufdämmernden Ahnung von Jenseits dessen, was im Auge der Wahrheit kein Jenseits war, denn ein kosmisches Reich folgte dem anderen. Nur der Eine war nicht in ihm. Er -- und nur Er allein -- umfaßte sie alle.
Ein in unbeschreiblicher Pracht erstrahlendes Sonnenmandala enthüllte dem himmlischen Seher den Dom des Lichtreiches. Aus der gestirnten Kuppel strömten feurige Kreise, in flammenden Spiralen den Bau des Domes bildend. Im innersten Raum des Heiligtumes schwebte zwischen vier Lichtsäulen eine majestätische Wesenheit -- der Hierophant des Domes, der Hohepriester der Plejaden.
Neun Lichtspiele bildeten das Sonnenmandala, denn neun war die Zahl der Plejaden. Sie ergossen sich ins Innere des Domes und formten zugleich seine flammenden Außenformen. Die schwingende, vom Licht umflossene Gestalt des Hierophanten enthielt gleichfalls in sich neun Zentren, die geöffneten Chakras seines geistigen Seins, deren jedes in einer der Farben des Sonnenmandalas leuchtete.
Getragen vom Glockenspiel des plejadischen Gottesdienstes, umhüllt von den Schwingungen, die die Anrufungen der plejadischen Lichtbewohner erzeugten, versenkte sich der Hierophant in die bevorstehende Entzündung des Strahlenfeuers. Wie Schwingen hoben sich die flammenden Gewänder in die Höhe, nicht gebildet von äußerem Glanz und Prunk, sondern Widerspiegelung der geistigen Reinheit ihres Trägers. Nur der reinste Geist der Plejaden konnte das heilige Amt des Hierophanten übernehmen, wobei die Offenbarung seines inneren Wesens in der äußeren Form ihn bestimmte.

In innigem Gebet sammelte sich der Hierophant. Die neun Chakras begannen immer schneller zu rotieren, ihre Farben verloren die Schattierungen, konzentrierten sich in einem Punkt. Dann begannen sich diese auszudehnen, ineinanderzufließen. Die Vereinigung der neun Chakras formte ein einziges Lichtrad, schimmernd und funkelnd im Farbenspektrum des plejadischen Regenbogens, Symbol des kosmischen Bundes.
Die Vereinigung der neun Chakras war gerade vollzogen, als sich das Sonnenmandala öffnete. Die Kuppel des Domes sprang gleich einer erblühenden Knospe auf, um einen blendenden Strom zu empfangen. Unaufhaltsam pulsierte Lichtwelle auf Lichtwelle durch die geöffnete Kuppel, verband sich mit dem Zentrum des Hierophanten in der Mitte des Domes. Die einstrahlenden Lichtwellen veränderten das Chakra des Hohenpriesters, ließen es überfließen, sich verströmen. Wie eine Sonne verband sich das Strahlenfeuer mit allen im Dom anwesenden plejadischen Seelen. Sie nahmen das göttliche Geschenk in schweigender Ehrfurcht auf. Selbst das Glockenspiel war verstummt, verhallt die kosmischen Choräle.
Heller und heller wurde der feurige Strom, lichter und reiner alle Wesen; bis endlich eine sphärische Musik wie von Ferne heranzuschwingen begann. Töne, zart und glitzernd wie Kristalle, zogen herbei. Sie formten ein zaubersam funkelndes Mosaik, das allmählich die Kuppel des plejadischen Domes zum Schließen brachte, indem es sich als feines Gewebe über die Kuppelöffnung legte. Mit dem letzten Tonkristall schloß sich die Öffnung gänzlich, versiegte für dieses Jahr der feurige Strahlenstrom.
Die plejadischen Lichtwesen waren beschenkt mit himmlischer Fülle. Sie empfingen die Gaben in Dankbarkeit,

um im Empfangen eine Aufgabe zu erkennen. Die Plejaden, ein heiliges Lichtreich, bildeten in der planetarischen Familie ein Zentrum für die Verteilung des göttlichen Strahlenfeuers. Von hier aus sollten die göttlichen Kräfte weitergegeben werden an Welten, deren Wesen noch in Dunkelheit den Weg zurück in jene Reiche suchten, die kein Auge eines Verkörperten je gesehen und von denen kein mit Materie umkleidetes Ohr je gehört.

So entließ der plejadische Hierophant seine Geschwister. Getragen von seinem Segen zogen sie zu jenen Welten, deren Bewohner, von den Schatten der Gottferne umhüllt, in der Nacht der Vergängnis lebten. Er wußte, wenn seine Geschwister zur nächsten Feier des Strahlenfeuers zurückkehren würden, nahm eines von ihnen seinen Platz ein; denn sein Weg führte in neue, endlose Weiten, wo er Lernender unter Lernenden sein würde.

In den Reichen der Schatten herrschte Unwissenheit. Die Mächte der Nacht führten ihr finsteres Regiment. Getrennt von der Quelle des Lebens waren sie ohne Macht. Abgesondert vom Geiste Gottes waren sie von eigenem Richtspruch verurteilt, im kalten Nebel der Täuschung zu verharren, bis sie bereit, erneut das Licht zu empfangen. Die „Bruderschaft der Nacht" besaß zwar keine wahrhafte Macht, aber sie war nicht unwirksam. Aus den Gedanken der Absonderung gespeist, entsprossen der Freiheit der Wahl, sich zum Licht zu neigen oder von ihm abzuwenden, formten sie ein feines Gewebe, gesponnen aus Schattenfäden. Wie ein tödliches Netz legte sich dieses über die Welten, hüllte sie in Dunkelheit.

In jene Sphären führte der Flug der plejadischen Lichtwesen. Sie verströmten ihre himmlischen Gaben -- das strahlende

kosmische Feuer. Licht zog ein in die Gedanken der Wesen in den Dunkelwelten. Sie durchschauten den Trug des Schattengewebes, erkannten die Bedrohung der “Brüder der Nacht”. Ihre heller werdenden Seelen richteten sich auf den ewigen Quell aus und entzogen den dunklen Mächten jene Kräfte, die diese für ihr Wirken benötigten.
So wandelte das Strahlenfeuer der Plejaden Schatten in Licht.

Die Devas des tausendblättrigen Lotos

Garaldrin, Garaldrin!
Ein wogender Harfenruf schwang durch Oriolan, das Reich der Blumen-Devas. Das zarte Tongewebe schien eingebettet zu sein in ein Meer verzaubernder Düfte. Himmlischer Blütenstaub umhüllte die klingende Botschaft. Garaldrin und Seraldrin, so lautete der Name des zweiten Devas, hatten ein schier grenzenloses kosmisches Reich in ihre Obhut bekommen. Sie umsorgten eine geistige Sphäre von wahrhaft paradiesischer Schönheit; eine Welt der Blütenkelche und Gewächse. Oriolan wurde geformt aus der Gedankenkraft all jener Wesenheiten, die in materiellen Bereichen verkörpert waren. Die aus diesen Ebenen ausstrahlenden geistigen Energien, sofern sie von Liebe und göttlicher Harmonie gekennzeichnet waren, wurden von Garaldrin und Seraldrin empfangen und von ihnen in zahllose Formen gewandet. Geführt von ihrer inneren Empfindung der Schönheit, gestalteten sie die Lichtwelt von Oriolan.
Der wundersam duftende Tonstrom Seraldrins hatte die strahlende Gestalt Garaldrins erreicht. Er verschmolz im feurigen Gewand des Devas und überbrachte seine Botschaft. Unmittelbar mit der Aufnahme des Übersandten verwandelte sich die äußere Form Garaldrins. Seine flammende Gewandung schien sich in einen funkelnden Kristall zu konzentrieren; dann verschwand auch dieser in phosphoriszierendem Schimmern, um in zeitlosem Flug, auf den Schwingen des Geistes, dem an ihn ergangenen Ruf nachzukommen.

Seraldrin schwebte über einem in oriolanischem Blau glitzernden Enziansbrunnen, dessen bizarre Form kelchartig auf anmutig duftenden Moosteppichen emporragte. Innerhalb des Hauptkelches fanden sich weitere kleinere Blütenglocken in terassenförmigem Aufbau. Den einzelnen Terassenrändern begannen unter der rhythmischen Berührung des Devas glitzernde Fontänen zu entströmen, ergossen sich in die tieferliegende Blütenglocke, diese zum Erklingen bringend, um dann weiter zu fließen.
Garaldrin, der inzwischen wieder seine Lichtgestalt angenommen hatte, beobachtete in schweigendem Lauschen das Wirken Seraldrins. Immer mehr Fontänen sprudelten hervor und bald war ein klingendes Blüten-Orchestrion geboren.
Aus dem Hauptkelch entsprang ein silbriger Bach, der sich in verschlungenen Windungen einen Weg bahnte, hinab in eine endlose Ebene. Als der erste Wassertropfen den moosigen Teppich genetzt hatte, entsproß dieser Stelle ein neuer kleiner, enzianartiger Blütenkelch, gewandet mit einer ähnlichen Färbung, wenngleich in etwas zarterer Tönung. Dieses wundersame Schauspiel begann sich nun in immer variierender Form zu wiederholen. Überall dort, wohin sich der kleine Bach schlängelte, sprossen an seinen Rändern zierliche Blütenglocken hervor, keine gleichfarbig, keine im gleichen Ton erklingend.
Die beiden Devas begleiteten das Bächlein ein Stück in die Ebene hinein, segnend seinen Lauf überwachend, indem sie in geringer Höhe über seiner Wasserfläche dahinschwebten.

„Strom vom Licht.
Quelle der Liebe.
Wasser des Lebens.
Aus Liebe geboren,
in Liebe geborgen.
Heiliger Segen auf Dir,
Heiliger Segen in Dir.
Werde Licht zu Licht;
werde Liebe zu Liebe;
werde Leben aus Leben.
Möge Dein Weg in alle Welten der Gebundenheit führen.
Löse Flammen aus Asche.
Wecke Morgenrot aus Todesnacht.
So geschehe es, im Namen des Ewigen Geistes."

Seraldrin und Garaldrin waren zurückgekehrt zum Enziansbrunnen, wo Garaldrin voller Erwartung den Grund für seine Herbeirufung zu vernehmen trachtete. „Die schlafenden Lotosblüten sollen geweckt werden", berichtete Seraldrin. „Ein Sendbote aus dem Licht jenseits des goldenen Tales war bei mir, unmittelbar bevor mein Ruf an Dich erging. Der Rat der Zwölf ist zusammengekommen, um die Entwicklung in den Welten der Gebundenheiten zu besprechen, und die Geister der Zeit faßten den Beschluß, den Schlaf der Lotosblüten zu beenden, um den Reichen der Dunkelheit die Ströme des Lebens zu senden. In den Sphären der Schatten hat die Dämmerung begonnen, die es erforderlich macht, auch die tausendblättrigen Lotosblüten aus heiliger Stille zu wecken. Es erging der Ruf an uns, alle Vorbereitungen zu treffen. Willst Du mit

mir zu den verborgenen Gewässern kommen?"
Freudig bejahte Garaldrin, und, ihre Lichtgestalten miteinander verbindend, zogen sie zu den verborgenen Gewässern. Diese lagen in einer Sphäre, die von einer Gebirgskette umgeben war, geistige Schutzmauer eines heiligen Bezirkes. Die Verdichtung des gebirgsartigen Massives bot Garaldrin und Seraldrin kein Hindernis. Sie sprachen die Worte der oriolanischen Einweihung und überwanden die hütenden Gebirge. Vor ihnen breitete sich eine Landschaft in unbeschreiblicher Schönheit aus.

In göttlicher Majestät thronten auf sieben Seen die sieben tausendblättrigen Lotosblüten von Oriolan. Sie vereinigten die geistige Substanz aller Opfer, die die Gottesboten in den Welten der Schatten gebracht hatten. Alle spirituellen Energien, die ihre Weltenmissionen ins Dasein gerufen, wurden an diesem heiligsten Ort Oriolans aufbewahrt, bis die Zeit der Erwekkung gekommen war.

Kein tönender Hauch durchdrang die Stille des Heiligtums. Die beiden Devas verharrten in Ehrfurcht und Andacht, bevor sie begannen, der Erfüllung des Auftrages vom Rat der Zwölf nachzukommen.

Sie schwebten auf die erste der Lotosblüten zu, um über ihrem Mittelpunkt zu verweilen.Ihre Gestalt verschmolz erneut zu einer Lichtsäule, während sich ihr Geist auf das Licht des Ewigen ausrichtete. Als ihre Vereinigung vollständig verwirklicht war, senkte sich eine weiße Lichtsäule auf sie herab, durchströmte sie und berührte die Lotosblüte. Mit einem verwunderten Seufzer öffnete sich die Knospe des Lotos, erwachte aus langem Schlaf und gab ihr flammendes Geheimnis preis. Feurige Perlen fielen wie Blütentränen aus der sich öffnenden Knospe. Sie

bedeckten schnell die Oberfläche des kleinen Sees, der sich nun in zahllose kleine Ströme über seine Ufer ergoß und begann, mit seiner kostbaren Fracht das Tal der verborgenen Gewässer zu verlassen.
Das Zeremoniell wiederholte sich noch sechsmal. Die tausendblättrigen Lotosblüten hatten ihren Schlaf der Versunkenheit beendet und ihre heiligen Gaben erneut in die Welten der Gebundenheit entlassen.
So kehrte der Segen der Gottesboten zurück zu jenen Reichen, die einst ihre Füße in physischen Gewändern getragen hatten.
In perlendem Strom netzte der Geist der Liebe die Reiche der Schatten.

Gesegnet das Tal, dessen tödliche Dürre gewandelt in ewiges Leben vom heiligen Fluß.

Im sirianischen Sonnenschloß

Die Glocken der Innenwelten ertönten in feierlichem Klang. Sphärisches Glockenspiel in himmlischen Weiten, heilige Symphonie der Devas. Engel der Töne, Gandharvas, die Devas der Musik, vibrierten durch endlose Räume. Sie bewirkten die Töne nicht durch ihr Spiel, sie verkörperten sie. Jeder der Gandharvas ließ den ihm allein zugeeigneten göttlichen Ton erklingen, lebte Musik. Sein war Klang. Bewußtsein verschmolz mit tönender Harmonie.

Der Zug der Musik-Devas barg ein Botschaft -- Gedankenflug unter Geistgeschwistern. Stille kehrte ein im Reich der Innenwelt. Andächtig lauschte die Heerschar der Leuchtenden.

Botschaft vom Sonnenschloß. Der sirianische Lichtherr sandte zur Zusammenkunft aller Devas der Innenwelten. Devas der materiellen Welten -- die Herren der Natur, Devas der gestirnten Reiche, Hüter der Flammen -- Lenker der kosmischen Ströme, die Devas der "Heiligen Bücher" -- Wächter des Gedächtnisses der Innenwelt, Devas der Liebe, Devas des Lichtes -- zahllos die Schar der durchlichteten Wesen in geistiger Welt. Sie alle durchklungen von Gandharva-Vibrationen, lichtwärts gerichtet in der Einheit des All-Geistes.

Die Pilgerströme der Deva-Scharen zogen auf strahlender Bahn. Sternenferne das Sonnenschloß, verharrend in seliger Erwartung der kosmischen Brüder. Wogendes Licht ergoß sich durch goldene Innenweltsphären. Geborgen in strahlenden Strömen glückseligen Einsseins, kehrten auf himmlischen Schwingen die Hüter der kosmischen Welten heim ins siriani-

sche Reich.
Der sirianische Lichtherr hütete ein Innenweltreich, dessen Größe keinem der Devas bekannt war. Seine Bewußtseinsfülle, Abbild der Unermeßlichkeit des ewigen Einen, war Ziel und Verpflichtung ihnen allen. Sie wußten, auch ihr Weg führte einst durch die Tore der Sonnenschlösser, weiter dem Urlicht entgegen, trunken voll Liebe zur heiligen Quelle, auf dem ewigen Pfad in unsagbarer Glückseligkeit. Keiner der Devas, der nicht im Strom der Lichtpilger sein Sehnen dem Einen zugewandt hätte und keiner, der nicht vom goldenen Strom erfaßt, heller erstrahlte als vorher. Sie alle wußten, sie würden zurückkehren in neuer Lichtfülle, um sie zu verströmen in liebendem Dienen an all jene, die in ihre Obhut gegeben. Ein endloses Band war gesponnen von kosmischer Bruderschaft, verband den Unfaßbaren auch mit der zierlichsten Elfe in den Naturreichen der physischen Welten.
Immer inniger wurde die Klangfülle des Gandharva-Orchesters, gesellte sich Ton zu Ton, heiliges Concerto in den Innenweltsphären. Näher und näher kam das sirianische Sonnenschloß. Schon umhüllte sie die Aura des Lichtherrn in unsagbarer Farbenpracht, ergoßen sich die Wogen des Hüters des Sonnenreiches in ihre geistigen Körper.
Ein weißes Tor leuchtete vor den ankommenden Devas auf. Sieben Wächter schwebten um den Eingang zu Siriastharin, dem Sonnenschloß des Lichtherrn. Blaues Feuer strömte aus dem Zentrum ihrer Gestalt und eine sidrin-farbige Korona umflammte ihr Haupt.
Als die kosmischen Wanderer die Torschwelle durchschritten, lösten sich glitzernde Perlen aus dem blauen Feuerzentrum und fielen als Willkommensgruß auf die Ankommenden. Im

Innern des Tores neigten sich Blütenlichtköniginnen herab und streiften sie mit bezaubernder Duftfülle. Das Blütenlichtmeer öffnete sich und gab den Blick frei auf Siriastharin.
Versunken in hingebungsvoller Betrachtung verharrten die Devas vor der unbeschreiblichen Herrlichkeit. In lohendem Goldlichtfeuer ragten die Lichttürme von Siriastharin in vollendeter Schönheit in die Höhe. Rotierende Mandalas aus funkelnden Flammensteinen pulsierten auf jeder Spitze, Symbol des sirianischen Lichtherrn. Von allen Seiten des Schlosses ergossen sich jene Ströme des Lichtes, die die Devas hingeleitet hatten zu diesem Ort himmlischer Pracht, und die noch alle jene führen würden, die den bereits Angekommenen nachfolgen sollten.
Das Hauptportal von Siriastharin befand sich in halber Höhe des Schlosses zwischen den beiden Mitteltürmen. Wie schon das äußere Tor, so wurde auch dieses von den Wächtern mit den blauen Flammen umrahmt. Sie blickten in geschwisterlicher Verbundenheit auf ihre Brüder und Schwestern aus Weltenfernen, die andächtig über den himmlischen Marmor einzogen ins Innere des Sonnenschlosses.
Vor ihnen erschloß sich ein Gewölbe von gewaltigen Ausmaßen, an dessen Stirnseite sich eine strahlende Öffnung in die Unendlichkeit befand. Sie vermochten das Strahlenfeuer mit ihren Blicken nicht zu durchdringen. Sein Ursprung und Fortgang verbarg sich im Geheimnis des Mysteriums.
Ständig zogen neue Deva-Scharen ein ins Gewölbe von Siriastharin, doch schien sich das Innere kaum zu füllen, vielmehr erweiterten sich die Begrenzungen, dehnten sich aus in Lichtwelten. Als alle Devas, an die der Ruf der Gandharvas ergangen war, Einzug gehalten hatten ins Innere des sirianischen

Sonnenschlosses, wurden von den Wächtern des Flammentores und des Schloßportales die Eingänge verschlossen. Kein Wesen der Dunkelheit hätte vermocht, sich dem Sonnenschloß zu nähern, das strahlende Licht wäre ihm unerträglich gewesen.
Die Aufmerksamkeit aller Devas richtete sich auf das strahlende Feuer, das nun, nachdem alle Tore verschlossen waren, noch heller erglühte. Sirianische Harfen erklangen. Der Choral von Siriastharin hallte durch das Gewölbe, tönender Strom, offenbart durch die Bewohner Siriastharins, die aus der strahlenden Öffnung der Stirnseite erschienen. In ihrer Mitte der Lichtherr.
Als er das Innere des Lichtbogens erreicht hatte, verklang der Choral sanft. Schweigen. --

Das Bewußtsein der Devas verband sich mit ihrem lichten Meister. Sie erwarteten seine Botschaft. Doch die Ströme der Liebe enthielten keine Mitteilungen, brachten stattdessen reinste Lichtflammen. Immer strahlender pulsierte das Sidrin-Feuer, bis das Bewußtsein aller Devas hineingenommen wurde in das Wesen des Lichtherrn. Vollkommen vereint mit ihm vernahmen sie seine Offenbarung, die nicht die seinige war. Eins mit dem Bewußtsein des Lichtherrn strömte der Geist des Ur-Ewigen auch in sie. In heiliger Ehrfurcht empfingen sie die Gaben des ewigen GEISTES.

Sanft schwanden die Sidrin-Feuer-Ströme, lösten sich die Devas aus der Einheit mit dem Meister. Für Augenblicke hatten sie erfahren, wer er wahrhaftig war, spürten etwas von seiner geistigen Herrlichkeit.

Die Botschaften an die Devas waren das Ziel ihres Besuches gewesen. Sie hatten sie empfangen und kehrten, strahlender und wissender denn je, zurück in ihre kosmischen Welten, um weiterzuschenken, was sie empfangen.
Einige aber kehrten nicht zurück. Sie nahm der sirianische Lichtherr mit auf andere Wege. Ihre Aufgaben als Devas waren zu einem Ende gekommen. Neues, beglückenderes Wirken erwartete sie, während ihre Geschwister wieder zurückzogen. Lichter waren sie alle geworden und innigere Liebe als zuvor verband sie, jene, die zurückkehrten und jene, die weiterzogen. Alle waren sie auf dem Lichtweg zur QUELLE und die Glückseligkeit der Harmonie des Einen verband sie. Lichtgeschwister auf dem Heimweg, untrennbar, all-liebend, ewig verbunden als Kinder des Göttlichen Vaters.

Das Lachen

Der Sternennebel wanderte um Vegalan. Geheimnisvoll schimmernd hüllte er das Planetenkind in geisthauchte Schleier. In Nebeltraum gewandet, kehrte Stille ein auf Vegalan.
Jathanar, der Weiße, wie ihn die Bewohner Vegalans nannten, hatte schon früh das Kommen des Nebels der Stille erahnt. Gestützt auf seinen Feuerstab, war sein Weg hinauf zum Sitz der Flamme gegangen, dem ältesten Heiligtum Vegalans. Hier stand der "Tempel des EWIGEN LICHTES".
Lautlos durchschritt Jathanar die Säulenhallen, die an diesem Tag gänzlich verlassen waren. Mehrere verborgene Türen durchquerend, deren Weise zu öffnen nur dem inneren Rat bekannt war, gelangte er schließlich ins innerste Sanktuarium. Umfangen von den machtvollen Schwingungen des heiligsten Ortes von Vegalan, sank Jathanar übergangslos in tiefe Meditation.

Zart erst, dann immer gewaltiger, offenbarte sich ihm das innere Licht.
Sarfinflammen loderten auf, vermischten sich mit kreisenden Regenbögen in oriol-, karneon- und girvee-farbigen Tönen.
Jathanars Bewußtsein wurde mit unwiderstehlicher Kraft in das Zentrum des flammenden Rades gezogen, in dem eine Gavanide langsam ihre tausend und abertausend Blütenblätter zu öffnen begann. Mit freudigem Gruß schien sie ihm zuzurufen, ihn einladend zu wundersamer Einkehr. Jathanar folgte

der sanften Gebärde, löste sich auch von den letzten Begrenzungen seiner nun vergangenen Daseinsform und tauchte ein in den Strom der Gavanide.

Tosende Energiewogen, geist-durchkraftet, erfüllten gänzlich seine Wahrnehmung. Wie ein sich ins Unendliche verströmender Ozean empfand er die Grenzenlosigkeit seines Bewußtseins. Kosmische Sonnenmeere, Sternenfamilien, planetarische Ketten schwangen in ihm.

EINHEIT.

Alles war Eines -- und doch war dieses Eine Vielheit. In unbeschreiblicher Vielfalt pulsierte das LEBEN in ihm. Dasein -- Bewußtsein -- Glückseligkeit. Dies war die absolute Vollendung.
Dies mußte das letzte Ziel sein.
Noch kaum waren diese Gedankenschatten verflogen -- da ertönte ein Lachen. Es erklang gleichzeitig von allen Seiten, in allen Dingen, aus allen Wesen. Einzigartiges Lachen, unsagbar, unnennbar -- GÖTTLICH.
Und aus der Fülle des NICHTS die Worte:

> Heil Dir, Gotteskind
> Geboren in die Unendlichkeit
> Hier erst Dein Weg beginnt
> Endlos in Ewigkeit

Da erkannte Jathanar den Unerkennbaren, und ahnend wußte sein Geist um noch ferne Weltensphären auf dem ewigen Pfad

der Glückseligkeit.
Die Mitglieder des inneren Rates vom "Tempel des EWIGEN LICHTES" aber fanden bei ihrer nächsten Zusammenkunft nur einen Feuerstab. Als sie an seiner Spitze eine aufgeblühte Gavanide entdeckten, wußten sie -- Jathanar war ihnen vorausgegangen.

Frieden

Lichtwärts auf Geistesschwingen. Dunkles Nachtschattenreich verblaßte in Raumesferne. Weiter im Flug eilten die Strahlenden, heller wurde die graue Dämmerung. Willkommen spendend reichten die silbernen Sphären perlende Wasserfälle den göttlichen Boten. Himmlischer Klang ertönte, als die Tropfenkinder vom Geistesfeuer durchloht wurden. Selig empfingen die Boten, aus den Schattenwelten heimkehrend, den erquickenden Gruß aus dem himmlischen Lebensborn. Kein Schatten trübte länger ihr feuriges Gewand. Als Strahlende waren sie hinabgezogen, als Strahlende kehrten sie zurück, beschenkt um Schenkende zu werden. Friedensboten sollten sie sein -- die Botschafter vom weißen Berg. Aus der Grenzenlosigkeit waren sie ausgezogen, um Seelenfunken zu suchen. Seelenfunken, die sie als leuchtende Gaben darbringen wollten, auf dem Altar des Friedenstempels. Jetzt kehrten sie zurück aus den Reichen der Schatten, aus den Welten der Finsternis, den Sphären der Schwarzen Herren. Sie kamen nicht mit leeren Händen. Die Schatzkammern ihrer Herzen waren gefüllt mit Diamanten der Liebe, mit Rubinen der Güte, Saphiren der Barmherzigkeit und Perlen der Sehnsucht. Auch die Nachtschattenreiche beherbergten Seelen, deren göttlicher Funke nicht gänzlich verdunkelt war. Ihre Bitten und Wünsche, Gebete und Meditationen hatten sich als strömende Gedankensterne aufgeschwungen in die geistigen Ebenen, wo die Engel des Friedens diese zierlichen Gedankenkinder empfingen. Geistige Juwelen, die ihren Glanz -- um die

Göttliche Güte vervielfältigt -- wieder zurückstrahlen sollten in jene Welten, aus denen sie geboren wurden.

Schwingend öffneten sich mit einem wunderbaren Klang allseits die Tore des Silberreiches. Immer größer wurde die Zahl der Heimkehrenden, immer strahlender das Licht des Silberreiches. Da die geistigen Reiche nicht wie Schichten aneinander anschlossen, sondern jedes Reich schwingungsmäßig vom niedrigeren oder höheren getrennt war, leuchteten die Neuankommenden wie Sonnen an einem scheinbar unbegrenzten Firmament auf.
Gesichter aus weißem Lichtfeuer unbeschreiblicher Schönheit, von den Wasserfällen des Silberreiches umflossen, kristallisierten sich aus dem Tropfenmeer. Während sie ihren ursprünglichen Glanz wieder annahmen, sandten sie aus ihrer Stirn einen goldenen Strahl, der sich wie selbstverständlich in einem Mittelpunkt traf und so ein funkelndes Gewebe bildete. Das Zentrum der Strahlen pulsierte und ließ bei jedem neu eintreffenden Strahl eine himmlische Glocke erklingen, die einen jeweils anderen Ton von sich gab. Jeder Engelsbote verkörperte einen bestimmten Göttlichen Strahl, einen eigenen, unverkennbaren Göttlichen Klang. In jedem hatte sich eine unverwechselbare, einmalige Idee Gottes manifestiert. Die unendliche Vielfalt des Gottesgeistes barg keine Wiederholungen. Welches Geschöpf vermöchte über die Geistestiefe des Allvaters zu sprechen?

Nachdem beim Aufleuchten eines Heimgekehrten erneut ein Glockenklang ertönt war, begann nach einer kurzen Zeit der

Stille ein Konzert aller Glocken. Gleichzeitig verwandelte sich der Strahlenmittelpunkt des Gewebes in ein leuchtendes Tor, aus dessen aufschwingenden Flügeln eine weiße Taube aufstieg.
Die Strahlen, geboren aus den Engelsgesichtern, wurden in die Taubenflügel aufgenommen, die dann in einem Lichtermeer hinter dem offenen Tor verschwand. Verbunden mit der weissen Taube folgten ihr alle heimgekehrten Friedensengel, und das Silberreich blieb zurück, ohne eine erkennbare Spur jenes Mysteriums, das sich in ihm vollzogen.

Die Engelschar befand sich auf dem Flug zum Weißen Berg. Unzählige Geistesgeschwister säumten ihren Weg, wußten um ihr Wirken und verbanden sich mit ihnen in geistiger Einheit. Immer leuchtender wurde der Schatz ihrer Herzenskammern. Als der geflügelte Führer den Weißen Berg erreicht hatte, entschwand er ihren Augen. Die Engelboten säumten den Fuß des Berges, schauten wissend zum Gipfel empor. Schweigend, in liebender Erwartung.
Unsagbares erfüllte ihren Geist, als das Licht des Ewigen aus dem Nichts aufflammte, den Berg und alle versammelten Friedensengel umhüllend. Sie wußten ihre Gaben in der Liebe Gottes, und im Bewußtsein der Glückseligkeit überreichten sie die Schätze ihrer Herzen.

Die Lichtwogen fluteten in ihre Quelle zurück, doch der Weisse Berg hatte sich verändert. Sein Gipfel wurde von einem Baum aus Licht gekrönt, dessen Glanz so stark war, daß selbst die Engelsboten einen Augenblick der Gewöhnung benötig-

ten, um seine Herrlichkeit ertragen zu können.
Unbemerkt, wie sie entschwunden, so tauchte die weiße Taube wieder auf. Sie flog auf den Lichtbaum zu, nahm eines seiner Blätter in den Mund und entfernte sich damit von ihm.
Vor den Augen der Engel des Friedens öffneten sich die Tore der Sphären und sie sahen den Flug der Taube in die Nachtschattenreiche. Als der weiße Vogel diese erreicht hatte, ließ er sein strahlendes Blattgut hinabsinken. In diesem Augenblick löste sich das Blatt auf in eine Flammenglut unzähliger Funken, die sich ergoß über die Reiche der Nachtschatten und den Frieden des Weißen Berges zu ihnen brachte.
Wieder und wieder flog die Taube, schier endlos schien die Blattfülle des Lichterbaumes -- und immer senkte sich erneut die flutende Glut der Friedensfunken über die Welten der Schatten.

So erwiderte die Göttliche Liebe die Gedankensterne der Sehnsucht aus den Herzen der Seelen im Nachtschattenreich.

Heimkehr

Schattenzart nur war die Verdunkelung gewesen, die die Bewohner von Javanathan einst von Mashavan Alison, dem Ewigen Licht, geschieden hatte. Nur ein Hauch des Begehrens, der sie eintauchen ließ in die Schatten des Nichts, in die Hallen der Dunkelheit, in jene Sphären, die nicht vom Atem Mashavan Alisons belebt waren.
So war die Schwingung ihrer Geistkörper umfangen worden von Kirkal Miron, den Hallenschatten und hatte sich verringert. Getrübt war die einst herrlich reine Hülle des Geistes vom Nebel der unheiligen Reiche.

Javanathan war geboren. Ein Sternenkind, Kosmische Wohnstatt der Kinder von Mashavan Alison. Heimführungsreich des Dunkellichtes. Keine Welt der Nachtschatten war Javanathan. Fern lagen die Reiche der Materie. Dunkellicht herrschte. Lichtkinder im grauen Gewand. Trauerseelenfarbe.
Verhüllt vom Nebel Kirkal Mirons konnten die Bewohner Javanathans nur schwach die Geistsonne Mashavan Alisons erahnen. In ihren „Tempeln der Heimkehr" versammelten sie sich, um seine heiligen Strahlen zu empfangen. Hineinsenken wollten sie diese in die Schattenhallen von Javanathan. Dunkelheit sollte weichen dem Lebensfeuer Mashavan Alisons. War das ewige Licht zurückgekehrt, durften sie die grauen Gewänder wieder ablegen.
Mächtig lohten die sehnenden Rufe aus den „Tempeln der Heimkehr" dem Ewigen Licht entgegen. So durchdrangen die

Anrufungen in kristallenem Schnitt die gläsernen Mauern der Schatten. Kirkal Miron begann leuchtender zu werden.
Mashavan Alison hatte die Hinwendung seiner Geschöpfe zu den Reichen Kirkal Mirons nicht verhindert. Er sah die schwächer werdenden Schwingungen, durchtränkt vom Schattengift; doch er griff nicht ein. Unzerstörbar wußte er in seinen Kindern Malon, den Diamanten der Unsterblichkeit, sein Geburtsgeschenk an alle Wesen. Die Schatten von Kirkal Miron mochten sich wie Staub auf seine strahlenden Flächen legen, die Stürme der Sehnsucht würden sein Feuerlicht befreit aufleuchten lassen. Wie hätte Schattenstaub der Sturmgewalt zu widerstehen vermocht.
Die Sternenwelt von Javanathan war von galaktischer Größe, doch was besagte dies angesichts der Unendlichkeit Mashavan Alisons und der nicht erkennbaren Weite Kirkal Mirons. Unermüdlich waren die Bewohner Javanathans in der Errichtung weiterer „Tempel der Heimkehr". In tiefer Andacht gestalteten sie unablässig die herrlichen Gebilde zu Ehren des Ewigen Lichtes.
Die „Tempel der Heimkehr" wurden alle umrankt von Salvideen, funkelnden Gewächsen, die bezaubernden Duft ausströmten. Es schien, als seien sie von Mashavan Alison eigens geschaffen, um an ihn zu erinnern. In den Salvideen sammelten sich winzige Mengen köstlicher Flüssigkeit, die, in kleine Gefäße gefüllt und entzündet, unverlöschliches Licht erzeugten. Zudem sandten auch diese Lichter, die in den Tempeln sanft flackerten, den gleichen wunderbaren Duft wie die Gewächse aus, so daß im und um den Tempel derselbe Wohlgeruch vorzufinden war.
Schon endlos lange währte den Bewohnern von Javanathan ihr

Aufenthalt in Kirkal Miron. Zahllos die „Tempel der Heimkehr", die sie inzwischen errichtet. Aber noch immer waren sie Mashavan Alison fern. Zwar waren sie leuchtender geworden; fast weiß schon die einst grauen Gewänder, doch bisher blieb ihnen die endgültige Heimkehr verwehrt.

Javanathan lag in tiefer Stille. Das Fest zu Ehren Mashavan Alisons hatte begonnen. Jedesmal, wenn ein Jahr Jaranitharins, der Sonne, in deren Gebiet die Sternenwelt von Javanathan lag, vergangen war, wurde feierlich das Fest zu Ehren des Ewigen Lichtes begangen.
In allen Tempeln fackelten die Salvideen-Feuer und verbreiteten ihren heiligen Duft. Alle Bewohner Javanathans waren versammelt; sandten in lautloser Andacht sehnende Geistesstrahlen Mashavan Alison entgegen.
Immer heller wurde es in den Tempeln, die Lichter loderten hoch auf, und die Salvideen schüttelten ihre Köpfe in brausendem Klang. Unaufhaltsam zog der Sturm durch Kirkal Miron -- der Sturm der Sehnsucht. Die Schatten verflogen. Vergangen die Trauerseelenfarbe.
Malon entflammte. Die Diamanten der Unsterblichkeit, wiedergeboren zu ewigem Lebensfeuer.
Mashavan Alison vollzog die Lichttaufe von Javanathan. Kirkal Miron wurde zum Reich Mashavan Alisons. Die Kinder von Javanathan, die Kinder des Ewigen Lichtes, waren heimgekehrt.